BEI GRIN MACHT SICH IHR WISSEN BEZAHLT

- Wir veröffentlichen Ihre Hausarbeit,
  Bachelor- und Masterarbeit

- Ihr eigenes eBook und Buch -
  weltweit in allen wichtigen Shops

- Verdienen Sie an jedem Verkauf

Jetzt bei www.GRIN.com hochladen
und kostenlos publizieren

Bibliografische Information der Deutschen Nationalbibliothek:

Die Deutsche Bibliothek verzeichnet diese Publikation in der Deutschen National-
bibliografie; detaillierte bibliografische Daten sind im Internet über http://dnb.d-
nb.de/ abrufbar.

Impressum:

Copyright © 2016 GRIN Verlag, Open Publishing GmbH
Druck und Bindung: Books on Demand GmbH, Norderstedt Germany
ISBN: 9783668473720

Dieses Buch bei GRIN:

http://www.grin.com/de/e-book/368962/marketingplan-fuer-ein-premium-sportstu-
dio-marktbeschreibungsanalyse

Sarah Bechthold

Marketingplan für ein Premium-Sportstudio. Marktbeschreibungsanalyse, Budgetplanung, Zielformulierung und Jahresmarketingplan

GRIN Verlag

GRIN - Your knowledge has value

Der GRIN Verlag publiziert seit 1998 wissenschaftliche Arbeiten von Studenten, Hochschullehrern und anderen Akademikern als eBook und gedrucktes Buch. Die Verlagswebsite www.grin.com ist die ideale Plattform zur Veröffentlichung von Hausarbeiten, Abschlussarbeiten, wissenschaftlichen Aufsätzen, Dissertationen und Fachbüchern.

Besuchen Sie uns im Internet:

http://www.grin.com/

http://www.facebook.com/grincom

http://www.twitter.com/grin_com

1 Marktbeschreibung/Analyse

1.1 Lage und Standort des Unternehmens

Das Unternehmen befindet sich im Kurfürstendamm 21 in 10719 Berlin. Die Lage des Unternehmens ist sehr zentral gelegen. Nur wenige Gehminuten ist man von der Innenstadt Berlins entfernt.

Das Studio ist mit den öffentlichen Verkehrsmitteln über U-Zoo und U-Kurfürstendamm zu erreichen. Diese Stationen kann man mit der U 9, der U 2 oder mit den S-Bahnen 7, 5 und 75 erreichen.

Abgerundet wird die gute Erreichbarkeit durch die Kantstraße, die die Parallelstraße zu unserem Unternehmen bildet. Mit dem PKW hat man die Möglichkeit im Parkhaus direkt bei unserem Unternehmen zu parken. Des Weiteren besteht die Möglichkeit die Parkhäuser des Zoos und der Einkaufsläden zu nutzen.

Die Gesamtgröße des Unternehmens beträgt 3000 m². Das zu betrachtende Studio ist ein Premium Studio. Der monatliche Durchschnittspreis liegt bei 67,- Euro. Das Studio bietet Kurse an. Außerdem verfügt das Studio über einen großen Wellness-Bereich. In diesem Bereich sind Saunen, Dampfbäder und ein Pool enthalten. Die Mitglieder haben die Möglichkeit sich draußen zu entspannen. Dafür sorgt die 2. Etage des Studios, die ein Blick über die Einkaufsstraßen Berlins sichert. Des weiteren verfügt das Studio über einen Cardiobereich, einen Freihantelbereich, sowie eine klassische Trainingsfläche. Das Studio bietet den Mitgliedern Functional Training an.

1.2 Beschreibung Zielgruppe

Die Zielgruppe des Unternehmens sind berufstätige, gesundheitsbewusste Menschen im Alter von 30 aufwärts. Die Kern-Altersstruktur liegt bei 25 – 49 Jahren. Diese Altersgruppe macht 30% von der Bevölkerung in Berlin aus. Die Personen sind körperbewusst, gesundheitsbewusst und fitness- affin. Sie haben eine guten bis sehr guten Abschluss. Außerdem sind sie urban, etabliert orientiert und haben ein überdurchschnittliches Haushaltsnetto- Einkommen.

Die Zielgruppe schätzt Exklusivität, Sport, Fitness, Wellness und Einkaufsbummel. Sie interessieren sich für Medizin und Gesundheit.

Da es sich größtenteils um berufstätige Personen handelt, sind die Öffnungszeiten der Zielgruppe angepasst. So ist ein Training unter der Woche von 6:00 bis 22:00 Uhr und am Wochenende von 8:00 bis 18:00 Uhr möglich.

1.3 Kanäle im Rahmen der Kommunikationspolitik zur Erreichung der Zielgruppe

Die Ansprechweise für die Zielgruppe des Unternehmens sollte anspruchsvoll, intelligent und ästhetisch sein. Jedoch sollte es nicht laut, grell oder aufdringlich sein.

Als Kanäle für die Zielgruppe kann man die eigene Webseite benutzen, sowie ein eigenen Facebook-Account. Am effizientesten werden aber die offline Medien sein. So erreicht der Radiosender „radioeins" die Zielgruppe des Unternehmens. Außerdem ist das Radio das meist benutze Medium. Durch ein Radiospot hat man die Möglichkeit eine hohe Anzahl an Personen zu erreichen. Man kann einen Radiospot anspruchsvoll und ästhetisch gestalten, so dass es zu der Zielgruppe des Unternehmens passt. Dazu könnte man gleichzeitig noch Banner an Säulen oder U-Bahn Stationen hängen, da die öffentlichen Verkehrsmittel sehr oft genutzt werden. So bekommt man von der gewünschten Zielgruppe mehr Aufmerksamkeit. Sie hören es im Radio und sehen die Werbung in der Innenstadt. Dadurch ist ihnen die Werbung bekannt. Laut der AIDA-Formel schafft bekanntes Aufmerksamkeit. Durch eine intelligente, ästhetische Ansprache auf dem Banner und im Radio wird Spannung und somit Interesse erzeugt. Dazu kommt der Text, welcher Erklärungen liefert und Wünsche auslöst.

Durch die Fahrt mit dem PKW zum Arbeitsplatz ist gesichert, dass die Zielgruppe den Radiospot hören. Falls die U-Bahn benutzt wird, stellen die Plakate die Möglichkeit her, dass das Unternehmen die Aufmerksamkeit bekommt.

Deshalb ist die Paarung Radio mit Bannern in U-Bahn Stationen oder der Innenstadt, da die Zielgruppe das Bummeln mag, am effizientesten um die Zielgruppe zu erreichen. Des weiteren grenzt das Studio an die ganzen Einkaufspassagen. Dadurch werden noch Flyer ausgehändigt, damit die Zielgruppe erreicht werden kann. So kann man in luxuriöseren Geschäften die Flyer auslegen.

1.4 Synergieeffekte

Der Synergieeffekt fördert das Zusammenwirken von Faktoren. Dadurch kommen Überschneidungen mit anderen Zielgruppen und Unternehmenstypen auf. So kann man drüber nachdenken, ob man mit Unternehmen zusammenarbeitet, die die Zielgruppe von post materiellen hat. Auch diese Zielgruppe hat ein hohes Bildungsniveau und ein hohes Einkommen. Somit könnte man Flyer und Banner zusammen in Auftrag geben, um zusätzliche Kosten zu sparen.

Es könnte schwierig werden sich auf ein Slogan zu einigen, der beide Zielgruppen anspricht. Dies wird demnach die größte Herausforderung sein. Sonst können die Werbemittel Radio, Flyer und Banner bei beiden Zielgruppen verwendet werden. Problematisch könnte das Einzugsgebiet werden, da die anderen Unternehmenstypen auch andere Marktgebiete besitzen. So müsste man schauen, ob das Gebiet noch in Reichweite für beide Unternehmen ist.

1.5 Bestimmung von zwei Marktgebieten

Das Marktgebiet 1 liegt im Umfeld von 7 Fahrminuten zum Unternehmen. Marktgebiet 2 liegt im Umfeld von 12 Fahrminuten.

1.6 Grundlegende Daten und Informationen zu den betreffenden Marktgebiete bzw. des Umfeldes

Tab. 1: Charakterisierung der Stadtbezirke

Stadtbezirke	Einwohnerzahl	Arbeitslosenquote in %
Charlbg.-Wilmersd.	254874	9,90%
Mitte	249437	12,60%
Tempelh.-Schöneb.	279723	10,50%
Steglitz-Zehlend.	262294	9,40%
Berlin	2988824	10,00%

Tab. 2: Altersstruktur der Stadtbezirke

Stadtbezirke	0 - 18 Jahre	18 – 25 Jahre	25 – 45 Jahre	45 Jahre +
Charlbg.-Wilmersd.	35913	16627	59209	143125
Mitte	43550	22397	82097	101393
Tempelh.-Schöneb.	44235	19447	68370	147671
Steglitz-Zehlend.	42605	16324	53146	150219
Berlin	482344	198861	824594	1483025

Die Kaufkraft in Berlin beträgt 19.649 € je Einwohner. Der Kaufkraftindex liegt bei 91,6. Die Kaufkraft liegt also unter dem Durchschnitt.

1.7 Beurteilung der vorab ermittelten Kennzahlen

Die Berliner sind mit einer Kaufkraft von 91,6 an elfter Stelle im Bundeslandranking 2015. Der Kaufkraftdurchschnitt liegt bei 100. Dies bedeutet, dass der Wert in Berlin unter dem Durchschnitt liegt. Was wiederum auf eine eher schlechtere allgemeine wirtschaftliche Lage in Berlin schließen lässt.

Die Arbeitslosenquote in Berlin beträgt 10,00%. Damit hat sich die Arbeitslosenquote im Vergleich zum Vorjahr zurück entwickelt. Im Vergleich zu Deutschland (6,00%) liegt die Arbeitslosenquote in Berlin jedoch über dem Durchschnitt. Gerade im Stadtbezirk Berlin Mitte ist die Anzahl der Arbeitslosen sehr hoch. In den anderen Marktgebieten des Unternehmens liegt die Arbeitslosenquote unter dem Durchschnitt von Berlin.

Im Stadtbezirk Berlin Mitte gibt es die meisten Einwohner, die in die Altersgruppe des Unternehmens liegt. Gefolgt von Berlin Tempelhof-Schöneberg.

Das Bruttoinlandsprodukt ist um 2,2% zum Vorjahr in Berlin gestiegen. Aktuell liegt das Bruttoinlandsprodukt in Berlin bei 117,3. Daran erkennt man, dass die Wirtschaft in Berlin weiter wächst und mit hoher Dynamik zunimmt.

1.8 Beschreibung von zwei Mitbewerben

Tab. 3: Charakterisierung der Mitbewerber

Mitbewerber	Stärken	Schwächen
Hard Candy Fitness Woman	- Kostenloses Probetraining - lange Öffnungszeiten - Wellness-Bereich - kostenlose Kinderbetreuung - Nutzung anderer Anlagen möglich - Kursplan	- lange Pausen bei der Kinderbetreuung - kleines Studio - viele Mitglieder - lange Wartezeit bei den Geräten - hohe Nachfrage bei den Kursen - nur weibliche Zielgruppe - recht hoher Beitrag
Bodystreet Berlin Kurfürstendamm	- geringer Zeitaufwand von 20 Minuten - personal Training	- Termin benötigt -recht hoher Betrag - Öffnungszeiten - kein kostenloses Probetraining möglich

Hard Candy Fitness hat das Motto „ harder is better". Sie möchten, dass die Kunden ein anspruchsvolles Workout Programm in einer stylischen Umgebung bekommen. Außerdem möchten sie, dass die Kunden Entertainment und Fitness verbinden. Dies soll für ein effektives und inspirierendes Fitnesserlebnis sorgen. Auch soll die Marke Hard Candy zum Lifestyle beitragen.

Madonna eröffnete das Studio Hard Candy. In dem Studio werden deshalb Madonna Lieder gespielt. Zu einer Eröffnung kommt Madonna persönlich. Begleitet wird sie von ihrem persönlichen Fitness Coach. Das Studio identifiziert sich also mit Madonna und wirbt mit ihr.

Bodystreet hat das Motto „warum ständig trainieren wenn 20 Minuten locker reichen?". Sie möchten, dass der Kunde seine Zeit effizient nutzt und bieten ihm die Möglichkeit einmal in der Woche für ein 20 minütiges Training zu kommen. Sie wollen den Fitnessmarkt umgestalten und das klassische Studio überholen und die Nummer 1 mit EMS werden. Das heißt, dass Bodystreet weg vom anonymen Massenstudio will und eine persönlich betreutes Mikrostudio möchte. Außerdem wirbt das Studio mit der Knappheit der Zeit. Der Kunde bekommt vor Augen geführt, dass er nur 20 Minuten in der Woche trainieren muss.

2 Zielformulierung und Budgetplanung für das Marketing

2.1 Marketingziel für das kommende Jahr

Das Marketingziel für das kommende Jahr soll sein, dass die Mitgliedschaften gesteigert werden. Zu Beginn hat das Unternehmen 2350 Mitglieder. Dieser Mitgliederbestand soll innerhalb eines Jahres um 5% gesteigert werden. Wenn man dies an Zahlen ausmacht, wäre der Mitgliederbestand am Ende des kommenden Jahres bei 2468 Mitgliedern. Wenn man die fluktuationsbedingte Abgänge mit einberechnet, die mit einer Quote bei 22% liegt, müsste das Unternehmen 635 neue Mitgliedschaften abschließen. Die SMART-Formel wurde für das Marketingziel des Unternehmens berücksichtigt.

Tab. 4: Zielformulierung

Inhalt	Ausmaß	Zeit
Mitgliederanzahl steigern	Mitgliedsbestand um 5% erhöhen	Innerhalb eines Jahres

2.2 Berechnung des Jahresmarketingbudgets

Tab. 5: Berechnung des Jahresmarketingbudgets anhand der Kombimethode

Planungsjahr 2016	Januar	Februar	März	April	Mai
MG-Bestand (Monatsanfang)	2350	2370	2385	2393	2398
Umsatzplanung (67,00 €/Monat)	157450	158790	159795	160331	160666
Umsatzplanung (kumuliert)	157450	316240	476035	636366	797032

Juni	Juli	August	September	Oktober	November	Dezember	Summe
2404	2408	2413	2425	2454	2464	2468	2468
161068	161336	161671	162475	164418	165088	165356	1938444
958100	1119436	1281107	1443582	1608000	1773088	1938444	

Daraus entspricht der geplante Umsatz 1.938.444 € im Planungsjahr 2016. Wenn man von diesem Umsatz 8% für das Marketingbudget nimmt, entsteht ein Marketingbudget von 155.075,52 €. Abzüglich der eingeplanten Reserve von 10% liegt das Jahresmarketingbudget des Unternehmens bei 139.567,97 €.

Tab. 6: Verteilung des Jahresmarketingbudget auf die einzelnen Monate

Saison	Monat	Charakterisierung	Budgetverteilung
Winter	Januar	Boom-Zeit	12,00% = 18609,06 €
	Februar	Boom-Zeit	18,00% = 27913,60 €
	März	Boom-Zeit	12,00% = 18609,06 €
Frühling	April	Ruhigere Zeit	6,00% = 9304,53 €
	Mai	Ruhigere Zeit	4,00% = 6203,02 €
	Juni	Ruhigere Zeit	4,00% = 6203,02 €
Sommer	Juli	Ruhige Zeit	2,00% = 3101,51 €
	August	Ruhige Zeit	2,00% = 3101,51 €
Herbst	September	Boom-Zeit	8,00% = 12406,04 €
	Oktober	Boom-Zeit	10,00% = 15507,55 €
	November	Boom-Zeit	8,00% = 12406,04 €
Weihnachten	Dezember	Ruhige Zeit	4,00% = 6203,02 €

Es wurde eine Reserve in Höhe von 10,00%, was 15507,55 € entspricht, einkalkuliert.

2.3 Budgetbeurteilung

Die Tabelle zeigt den prozentualen Anteil des Marketingbudget in Bezug auf das Gesamtmarketingbudget der jeweiligen Unternehmenstypen.

Tab. 7: Darstellung des Marketingbudget der jeweiligen Unternehmenstypen

Studio	Fitnessstudio, Premium	Fitnessstudio, Discount	Gesundheits-fitnessstudio	Mikrostudio, Funktional Tr.	EMS Studio
Mitglieder	2350	3950	1500	200	180
Beitrag/Monat	67€/Monat	16€/Monat	50€/Monat	89€/Monat	99€/Monat
Geplanter Umsatz	1.938.444,00 €	770.240,00 €	931.400,00 €	233.194,00 €	253.737,00 €
Marketing-budget vom Umsatz	155.075,52 €	61.619,20 €	79.169,00 €	19.821,50 €	22.836,33 €

Das Unternehmen hat den größten prozentualen Anteil vom Marketingbudget. Die ist so, weil das Unternehmen einen hohen Umsatz erzielt. Durch den hohen Umsatz lässt sich ein höheres Marketingbudget ableiten. Durch die gute Positionierung, dem wohlhabenden Viertel Charlottenburg und dem Unternehmenstyp sind die Umsätze des Unternehmens zu beurteilen. Da die Kunden bzw. Neukunden hohe Ansprüche stellen, ist ein hohes Marketingbudget erforderlich. Dadurch lässt sich wiederum der Bekanntheitsgrad erhöhen, was für die Zielerreichung des Unternehmens notwendig ist.

3   Jahresmarketingplan

3.1 Auflistung und Beschreibung der Aktionen

Die Aktionen beziehen sich einmal auf die Kundenbindung und einmal auf die Kundenneugewinnung. Die Aktion für die Kundenbindung findet im Dezember statt. Im Februar findet die Aktion zur Kundenneugewinnung statt. Die Aktion für Kundenbindung läuft von November bis Dezember. Von Februar bis März läuft die Aktion zur Kundenneugewinnung.

1. Aktion zur Kundenbindung: Adventskalender:

Für die interne Kundenbindung soll eine Adventskalender-Aktion gestartet werden. Jeden Tag bekommen die Kunden die Möglichkeit etwas zu gewinnen. Dies kann ein Gutschein über Nahrungsergänzungsprodukte sein oder auch einen Freimonat. Jeder Kunde kann bei dieser Aktion mitmachen, wenn er an dem Tag im Fitnessstudio trainiert hat.

Über den Gewinner entscheidet das Los. Die Gewinner werden am nächsten Tag auf der Homepage veröffentlicht und privat per Mail angeschrieben. Durch die Gewinne soll die Motivation aufrecht erhalten werden trotz der Weihnachtszeit ins Fitnessstudio zu gehen. Außerdem gibt es die Möglichkeit, dass die Kunden durch die Gewinne z.B. die Massageliege kostenlos testen können. Damit hat das Unternehmen die Möglichkeit die Verträge umzuschreiben, damit z.b. die Kunden, die die Massageliege noch nicht im Vertrag dazu gebucht haben, einen neuen Vertrag abschließen und damit der Umsatz des Unternehmens gesteigert wird.

2. Aktion zur Kundenneugewinnung: Fit für den Sommer:

Für die Kundenneugewinnung soll eine Aktion „Fit für den Sommer" gestartet werden. Die Aktion findet im Februar statt. So bestehen bei den meisten noch gute Neujahrsvorsätze. Außerdem möchten viele Leute eine Strandfigur haben. Die bestehenden Mitglieder haben die Chance einen Freund oder Bekannten eine Woche lang kostenlos mitzubringen, so dass dieser die Anlage testen kann. Die Person bekommt eine Einweisung zu Beginn, sowie eine Körperfettanalyse. In der Woche dürfen die Personen die gesamte Anlage kostenlos testen. Auch besteht die Möglichkeit eines Ernährungsplans. Außerdem wird noch extern Werbung für diese Aktion gemacht. Es werden Gutscheine verteilt, damit die Personen sich ein Bild von dem Unternehmen machen können. Die Gutscheine können den Mitgliedern mitgegeben werden, bei einer Promotion verteilt werden oder den Leuten beim Besuch im Studio gegeben werden. Ziel der Aktion ist ganz klar die Kundenneugewinnung. Innerhalb der Probewoche sollen die Leute überzeugt werden Mitglied zu werden. Die Aktion startet am 08.02.2016 und endet am 06.03.2016. Die Gutscheine zur Probewoche können bis zum 31.03.2016 eingelöst werden.

3.2 Auswahl der Werbeträger

Tab. 8: Werbeträger zur Kundenneugewinnung

Werbeträ-ger	Werbemittel	Reichweite	Zielgruppe	Akzeptanz	Erscheinung	Preis
Radio „radioeins"	Hörfunkspot	Durchschnitt: 101 pro Stunde Mo 7-8 Uhr: 177 Leute Sa 10-11 Uhr: 183 Leute	Erfolgreiche und etablierte Erwachsene zwischen 20 und 49 Jahren	Hoch	Montags am 8.2./15.2./2 2.2. und am 29.2.16 um 7 Uhr für 30 Sekunden Am 13.2./20.2 und am 27.2.16 um 10 Uhr für 30 Sekunden	Preis pro 30 Sekunden: 675,00 € Preis pro 30 Sekunden: 480,00 €
Vitrine U-Bahn, Wartehallen	Banner, Plakate	Ganz Berlin	Jede Zielgruppe	Hoch	Montags am 1.2.16 bis zum 7.3.16	Berlinpaket: 2 Wochen 29.012,20 €

Die beiden Werbeträger habe beide eine hohe Akzeptanz. Im Radio kann der Spot problemlos beim fahren oder beim Arbeiten empfangen werden. Der Sender „radioeins" spricht genau die Zielgruppe des Unternehmens an und bietet daher die optimale Werbung für das Unternehmen.

Die Vitrinen an der U-Bahn und die Wartehallen sind der zweite Werbeträger. Für die Menschen, die mit den öffentlichen Verkehrsmittel zu Arbeit oder in die Innenstadt fahren, bieten die Banner einen Hingucker. Sie stechen beim Warten auf die Bahn ins Auge. Die Banner bieten eine große Reichweite, da jeder angesprochen wird, der an ihnen vorbei geht. Mit dem Paket „ganz Berlin" erscheinen die Banner direkt an der Shoppingmeile, sowie auch an den jeweiligen Marktgebieten. Dadurch werden sehr viele Zielgruppen auf einmal angesprochen.

Durch das Kombinieren mit dem Radiospot haben die Leute die Möglichkeiten die Werbung zu hören und zu sehen. Somit kann man bestens auf der emotionalen Ebene arbeiten.

Tab. 9: Werbeträger zur Kundenbindung

Werbeträger	Werbemittel	Reichweite	Zielgruppe	Erscheinung	Preis
Plakatwand	Plakat	Mitglieder, die trainieren	Mitglieder	Ab 01.02.2016	Ab 10 Stück, DinA 1 8,00€
E-Mail	Newsletter	Alle Mitglieder	Mitglieder	Ab 01.02.2016	Keine Kosten

Die Mitglieder bekommen Anfang Februar eine E-Mail. In dieser Mail ist die Aktion genau erklärt. Somit wird jedes Mitglied angesprochen. Außerdem hängen am Eingang und in den Umkleiden, sowie an der Theke Plakate von der Aktion. Außerdem sollen die Mitglieder beim Einchecken direkt drauf angesprochen werden, was eine persönliche Bindung schafft.

3.3 Erstellung einer Detailerläuterung für eine einzelne Marketingaktion

Tab. 10: Detailerläuterung der Adventskalender-Aktion

Ausführliche Aktionsbeschreibung (Was soll gemacht/erreicht werden)

Jeden Tag wird ein Türchen geöffnet. Hinter jedem Türchen gibt es eine Gewinnchance für ein Mitglied. So können Mitglieder z.B. Nahrungsergänzungsprodukte, Handtücher oder ein Gutschein gewinnen. Die Gewinner werden am nächsten Tag auf der Homepage aufgelistet und privat per Mail benachrichtigt. Über den Gewinner entscheidet das Los. Über die Homepage kann man sich informieren, welcher Gewinn auf die Kunden wartet. Auch direkt im Studio wird an der Theke ein Aufsteller sein, wo die Mitglieder sehen können was hinter dem jeweiligen Türchen für einen Gewinn steckt. Auch auf dem Fernseher wird die Aktion zu sehen sein. Mitmachen können die Mitglieder indem sie eine Karte ausfüllen und diese in den Lostopf werfen. Am Abend, nach Studioschluss, zieht ein Mitarbeiter den Tagesgewinner. Die Aktion soll ab Mitte November intern in die Bewerbungsphase gehen.

Datum	Planung	Wer	Bis wann	Stück	Preis	Plan.-Ko
17.10.16	Überlegung der Gewinne für die 24 Türchen. Auflistung der Gedanken	Andreas, Daniel	30.10.16			
31.10.16	Bestellung der Gewinne und der Flyer/Banner/Plakate/Teilnehmerkarten	Jasmin	07.11.16	-4 Plakate A0 -25 Plakate A3 - 3500 Flyer - 90000 Flyer	- Plakate A0: 39,76 € - Plakate A3: 16,16 € - Flyer A6: 24,60 € (2500 St.) + 19,49 € (1000 St.) - Flyer A7: 1372,21 €	1.500,00 €
07.11.16	Kontaktaufnahme zu Lieferanten und Bestellung aufgeben	Svenja	11.11.16	- 1 Protein Müsli - 1 Pure Whey Protein 450 gr - 4 Protein Smoothie - 5 Protein Riegel 50%	- Müsli: 6,49 € - Pure Whey: 16,99 € - Smoothie: 2,99 € -Riegel: 2,49 €	50,00 €
21.11.16	Gutscheinkarten erstellen (Massage-	Daniel	27.11.16	- 13 Stück		

	liege, Ver- zehrgut- schein etc.)					
21.11.16	Ban- ner/Flyer/Pl akate auf- hängen	Jasmin	22.11.16			
28.11.16	Bereitstel- lung der Aufsteller für die Tür- chen. Ge- schenke und Gut- scheine bereit stel- len. Gewin- ner benach- richtigen am Folgetag	Svenja, Daniel, Jasmin	25.12.16			

4 Abschlussstatement

Das Unternehmen erzielt einen hohen Umsatz, wenn die Mitgliederzahlen erreicht werden. Die Wirtschaft in Berlin erlebt zurzeit einen Aufschwung. Die Arbeitslosenquote sinkt und die Kaufkraft nimmt zu. Jedoch liegt die Kaufkraft noch immer unter dem Durchschnitt und die Arbeitslosenquote ist höher als der Durchschnitt.

Das Unternehmen befindet sich mitten in der Innenstadt. Somit besteht die Gefahr, dass mehr Touristen in dieser Gegend sind als Einheimische. Außerdem gibt es in dem Umkreis des Fitnessstudios eine sehr hohe Anzahl an anderen Studios. Somit ist die Konkurrenz sehr groß. Die Marketingkosten sind relativ hoch. Das bedeutet, dass die Marketingaktionen Gewinn erzielen müssen, damit sich der Aufwand gelohnt hat. Demnach muss die an geplante Mitgliederanzahl eintreffen. Falls diese Mitgliederanzahl nicht eintreffen würde, bestehe die Gefahr, dass das Unternehmen Verluste macht.

Somit besteht ein Risiko, wenn man sich die Zahlenwerte anschaut. Demnach ist es nicht besonders empfehlenswert in diesen Unternehmenstyp zu investieren. Man sollte mit seiner Auswahl der Investition sehr behutsam umgehen, denn der Gewinn des Unternehmens ist nicht garantiert.

5 Literaturverzeichnis

Arbeitsagentur Statistik Berlin. (2015). Zugriff am 07.12.2015. Verfügbar unter https://statistik.arbeitsagentur.de/Navigation/Statistik/Statistik-nach-Regionen/Politische-Gebietsstruktur/Berlin-Nav.html

Berliner Wirtschaft in Zahlen. (2015). Zugriff am 07.12.2015. Verfügbar unter https://www.ihk-ber-lin.de/blob/bihk24/standortpolitik/ZahlenundFakten/downloads/2740620/6e5c6845e94e3e2f11dc4434cbd18328/Berliner-Wirtschaft-in-Zahlen_2015-data.pdf

Berliner Zeitung. (2015). Zugriff am 23.12.2015. Verfügbar unter http://www.berliner-zeitung.de/wirtschaft/rueckgang-der-arbeitslosenquote-immer-weniger-berliner-sind-arbeitslos,10808230,30843236.html
Bodystreet in Berlin. Zugriff am 23.12.2015. Verfügbar unter http://www.bodystreet.com/startseite/

Druckshop Berlin. Zugriff am 23.12.2015. Verfügbar unter http://pinguindruck.de/shop

Fitness First. Zugriff am 23.12.2015. Verfügbar unter https://www.fitnessfirst.de/globalassets/dokumente/mediadaten-fitnessfirst-2014.pdf

Hard Candy Berlin Kurfürstendamm. Zugriff am 17.12.2015. Verfügbar unter http://www.hardcandyfitness.de/fitness-club/berlin-women-kurfuerstendamm.html

ISO-Studie. (Hrsg). Zugriff am 09.12.2015. Verfügbar unter *http://homepages.hs-bremen.de/~dey/startupwebdienst/pdf/04_3_Zielgruppen.pdf*

Kaufkraft der Bundesländer. (2015). Zugriff am 08.12.2015. Verfügbar unter *http://www.mb-research.de/_download/MBR-Kaufkraft-2015-Bundeslaender.pdf*

Karte der Marktgebiete. Zugriff am 15.12.2016. Verfügbar unter http://www.freemaptools.com/how-far-can-i-travel.htm

Nahrungsergänzungsprodukte-Shop. Zugriff am 23.12.2015. Verfügbar unter https://www.multipower.com/de/finder

Plakatwerbung Berlin. Zugriff am 23.12.2015. Verfügbar unter http://www.draussenwerber.de/Plakatwerbung-Berlin/Regionalpakete.html

RadioEins. Zugriff am 16.12.2016. Verfügbar unter http://www.mss-online.de/radiowerbung/radioeins/

Statistischer Bericht Berlin-Brandenburg. (2014). Zugriff am 19.12.2015. Verfügbar unter https://www.statistik-berlin-brandenburg.de/publikationen/stat_berichte/2015/SB_A01-05-00_2014h02_BE.pdf